Todos los libros de Linkgua Ediciones cuentan con modelos de Inteligencia Artificial entrenados por hispanistas. Pregúntale al chat de tu libro lo que desees acerca de la obra o su autor/a.

Para ebooks: Accede a nuestro modelo de IA a través de este enlace.

Para libros impresos: Escanea el código QR de la portada con tu dispositivo móvil.

Obtén análisis detallados de nuestros libros, resúmenes, respuestas a tus preguntas y accede a nuestras ediciones críticas generativas para una experiencia de lectura más enriquecedora.
La transparencia y el respeto hacia la autoría de las fuentes utilizadas son distintivos básicos de nuestro proyecto. Por ello, las respuestas ofrecen, mediante un sistema de citas, las fuentes con las que han sido elaboradas.

Juana Borrero

Poemas

Barcelona 2024
Linkgua-ediciones.com

Créditos

Título original: Poemas.

© 2024, Red ediciones S.L.

e-mail: info@Linkgua-ediciones.com

Diseño de cubierta: Michel Mallard.

ISBN rústica: 978-84-9816-651-4.
ISBN ebook: 978-84-9897-964-0.

Sumario

Brevísima presentación

La vida
Juana Borrero y Pierra nació en La Habana el 18 de mayo de 1877. Era hija de Consuelo Pierra y de Esteban Borrero Echevarría. A los doce años era una excelente versificadora. Por entonces se enamoró del poeta Julián del Casal quien le dedicó el poema «Virgen triste», que anticipa la muerte prematura de Casal.

La muerte del poeta deprimió a Juana Borrero, que recuperó su ánimo tras conocer a Carlos Pío Urbach, un joven comprometido con la independencia de Cuba.

El primer libro de Juana Borrero apareció en 1895. Aunque algunos poemas suyos habían sido publicados en 1892 en el libro Grupo de familia, que recogía textos de su familia.

En 1895 Borrero marchó con su familia a Estados Unidos; nunca más volvió a ver a Carlos Pío. Ella murió allí el 9 de marzo de 1896. No había cumplido los diecinueve años.

El poeta y ensayista cubano Cintio Vitier dijo de ella: «El destino de Juana hay que entenderlo desde los supuestos ultra-románticos difundidos en los medios artísticos del fin del siglo y representados entre nosotros con especial sinceridad y lucidez por su amado maestro Julián del Casal. Entre esos supuestos o quintaesencias pueden señalarse dos: la Naturaleza es abominable; la alegría es vulgar».

Vespertino

Para la amable señorita Teresa Aritzti
Hacia el ocaso fúlgido titila
el temblador lucero vespertino,
y a lo lejos, se escucha del camino
el eco vago de lejana esquila.

Como escuadrón de caprichosa fila
nubecillas de tono purpurino
se desvellonan en celaje fino,
etérea gasa, que disuelta oscila.

El rayo débil que las nubes dora,
lentamente se extingue, agonizante,
sus fulgores lanzando postrimeros;

y la noche se apresta vencedora
a desceñir sobre el cenit triunfante
su soberbia diadema de luceros.

Crepuscular

Todo es quietud y paz... En la penumbra
se respira el olor de los jazmines,
y, más allá, sobre el cristal del río
se escucha el aleteo de los cisnes

que, como grupo de nevadas flores,
resbalan por la tersa superficie.
Los oscuros murciélagos resurgen
de sus mil ignorados escondites,

y vueltas mil, y caprichosos giros
por la tranquila atmósfera describen;
o vuelan luego rastreando el suelo,

rozando apenas con sus alas grises
del agrio cardo el amarillo pétalo,
de humilde malva la corola virgen.

Medieval

Junto a la negra mole de la muralla altiva
que alumbran las estrellas con tenue luz de plata
el trovador insomne de frente pensativa
preludia conmovido la triste serenata.

El aura de la noche voluble y fugitiva,
besa los largos pliegues del manto de escarlata,
y extiende la armoniosa cadencia persuasiva
que el plácido reposo perturba de la ingrata.

Al pie del alto foso destácase la airosa
romántica figura del rubio menestrello,
que al agitar la mano sobre el cordaje de oro

entristecido, exhala su queja dolorosa
en la cadencia rítmica del dulce ritornello,
y en sus mejillas siente que se desborda el lloro.

Las hijas de Ran

Envueltas entre espumas diamantinas
que salpican sus cuerpos sonrosados,
por los rayos del Sol iluminados,
surgen del mar en grupo las ondinas.

Cubriendo sus espaldas peregrinas
descienden los cabellos destrenzados,
y al rumor de las olas van mezclados
los ecos de sus risas argentinas.

Así viven contentas y dichosas
entre el cielo y el mar, regocijadas,
ignorando tal vez que son hermosas,

Y que las olas, entre sí rivales,
se entrechocan, de espuma coronadas,
por estrechar sus formas virginales.

Apolo

Marmóreo, altivo, refulgente y bello,
corona de su rostro la dulzura,
cayendo en torno de su frente pura
en ondulados rizos sus cabellos.

Al enlazar mis brazos a su cuello
y al estrechar su espléndida hermosura,
anhelante de dicha y de ventura
la blanca frente con mis labios sello.

Contra su pecho inmóvil, apretada
adoré su belleza indiferente,
y al quererla animar, desesperada,

llevada por mi amante desvarío,
dejé mil besos de ternura ardiente
allí apagados sobre el mármol frío.

Íntima

¿Quieres sondear la noche de mi espíritu?
Allá en el fondo oscuro de mi alma
hay un lugar donde jamás penetra
la clara luz del Sol de la esperanza.
¡Pero no me preguntes lo que duerme
bajo el sudario de la sombra muda...
detente allí junto al abismo, y llora
como se llora al borde de las tumbas!

Rêve

Su voz debe ser dulce y persuasiva
y soñadora y triste su mirada...
debe tener la frente pensativa
por un halo de ensueños circundada.

Su alma genial, cual pálida cautiva
de un astro esplendoroso desterrada,
sueña con una nube fugitiva
y con el traje de crespón de un hada.

Cuando la ronda azul de los delirios
disipa sus nostálgicos martirios
borrando del pesar la oscura huella,

él se acuerda en la noche silenciosa
de aquella virgencita misteriosa
que dejó abandonada en una estrella.

Última rima

Yo he soñado en mis lúgubres noches,
en mis noches tristes de penas y lágrimas,
con un beso de amor imposible
sin sed y sin fuego, sin fiebre y sin ansias.

Yo no quiero el deleite que enerva,
el deleite jadeante que abrasa,
y me causan hastío infinito
los labios sensuales que besan y manchan.

¡Oh, mi amado!, ¡mi amado imposible!
Mi novio soñado de dulce mirada,
cuando tú con tus labios me beses
bésame sin fuego, sin fiebre y sin ansias.

Dame el beso soñado en mis noches,
en mis noches tristes de penas y lágrimas,
que me deje una estrella en los labios
y un tenue perfume de nardo en el alma.

Los astros

En la callada noche, cuando la sombra extiende
sobre la tierra muda su velo misterioso,
y arriba, en las alturas del éter anchuroso,
sembrado de luceros el firmamento esplende;

mi alma soñadora que al infinito asciende
escucha sumergida en éxtasis dichoso,
hablar de las estrellas su idioma cadencioso
tan dulce, que tan solo mi espíritu lo entiende.

A mis oídos llega desvanecida y flébil
el eco de esas voces como el murmullo débil
que una dulzura vaga, indefinible encierra.

De su prisión terrena mi espíritu se evade,
y un inefable goce mi corazón invade
sintiéndose tan lejos de la mezquina tierra.

En el templo

A Federico Uhrbach

Se llena de creyentes el templo solitario
y a los acordes graves del órgano sonoro,
se mezclan en la atmósfera serena del santuario
las voces cristalinas que vibran en el coro.

Entre las blancas nubes que arroja el incensario
miro, con las pupilas nubladas por el lloro,
que el sacerdote humilde, de pie junto al sagrario,
entre las manos puras eleva el cáliz de oro.

Y así como el incienso que ante la imagen flota
impregna de sutiles perfumes el ambiente,
perfuma tu recuerdo mi mente visionaria,

y de mis labios trémulos y suplicantes, brota
tu nombre idolatrado, que vibra dulcemente
mezclado con las frases que forman mi plegaria!

Vorrei morire

Quiero morir cuando al nacer la aurora
su clara lumbre sobre el mundo vierte,
cuando por vez postrera me despierte
la caricia del Sol, abrasadora.

Quiero, al finalizar mi última hora,
cuando me invada el hielo de la muerte,
sentir que se doblega el cuerpo inerte
inundado de luz deslumbradora.

¡Morir entonces! Cuando el Sol naciente
con su fecundo resplandor ahuyente
de la fúnebre noche la tristeza,

cuando radiante de hermosura y vida
al cerrarme los ojos, me despida
con un canto de amor Naturaleza!

Libros a la carta

A la carta es un servicio especializado para
empresas,
librerías,
bibliotecas,
editoriales
y centros de enseñanza;
y permite confeccionar libros que, por su formato y concepción, sirven a los propósitos más específicos de estas instituciones.

Las empresas nos encargan ediciones personalizadas para marketing editorial o para regalos institucionales. Y los interesados solicitan, a título personal, ediciones antiguas, o no disponibles en el mercado; y las acompañan con notas y comentarios críticos.

Las ediciones tienen como apoyo un libro de estilo con todo tipo de referencias sobre los criterios de tratamiento tipográfico aplicados a nuestros libros que puede ser consultado en Linkgua-ediciones.com.

Linkgua edita por encargo diferentes versiones de una misma obra con distintos tratamientos ortotipográficos (actualizaciones de carácter divulgativo de un clásico, o versiones estrictamente fieles a la edición original de referencia).

Este servicio de ediciones a la carta le permitirá, si usted se dedica a la enseñanza, tener una forma de hacer pública su interpretación de un texto y, sobre una versión digitalizada «base», usted podrá introducir interpretaciones del texto fuente. Es un tópico que los profesores denuncien en clase los desmanes de una edición, o vayan comentando errores de interpretación de un texto y esta es una solución útil a esa necesidad del mundo académico.

Asimismo publicamos de manera sistemática, en un mismo catálogo, tesis doctorales y actas de congresos académicos, que son distribuidas a través de nuestra Web.

El servicio de «libros a la carta» funciona de dos formas.

1. Tenemos un fondo de libros digitalizados que usted puede personalizar en tiradas de al menos cinco ejemplares. Estas personalizaciones pueden ser de todo tipo: añadir notas de clase para uso de un grupo de estudiantes, introducir logos corporativos para uso con fines de marketing empresarial, etc. etc.

2. Buscamos libros descatalogados de otras editoriales y los reeditamos en tiradas cortas a petición de un cliente.

www.ingramcontent.com/pod-product-compliance
Lightning Source LLC
Chambersburg PA
CBHW020447030426
42337CB00014B/1434